Inhalt

Personalstärke in Gefahr - der Bundeswehr laufen die Freiwilligen davon

Kernthesen

Beitrag

Fallbeispiele

Weiterführende Literatur

Impressum

Personalstärke in Gefahr - der Bundeswehr laufen die Freiwilligen davon

Robert Reuter

Kernthesen

- Durch die Umstellung auf eine Berufs- und Freiwilligenarmee muss sich die Bundeswehr nun wie ein Wirtschaftsunternehmen dem Kampf um die besten Köpfe stellen.
- Bei den freiwillig Wehrdienstleistenden gelingt dies noch nicht. Fast 30 Prozent dieser jungen Soldaten brechen den Dienst innerhalb der Probezeit ab.
- Tatenlos ist die Bundeswehr beim "Employer Branding" allerdings nicht. Mit

dem "Reformbegleitprogramm" wurden vielfältige Maßnahmen beschlossen, die die Attraktivität des Bundes als Arbeitgeber steigern sollen.
- Um mehr Kandidaten für den Dienst an der Waffe zu interessieren, sind noch weitere Maßnahmen im Gespräch. Sie betreffen insbesondere die Besoldungshöhe und die Anstellung von Ausländern.

Beitrag

Neue Personalplanung

Die Abschaffung der Wehrpflicht stellt das Personalmanagement der Bundeswehr vor neue Herausforderungen. Geplant ist, dass die Bundeswehr von 250 000 auf 185 000 Soldaten schrumpfen soll - 170 000 Berufs- und Zeitsoldaten sowie 15 000 freiwillig Wehrdienstleistende. Deren Dienstzeit beträgt wahlweise zwischen zwölf und 23 Monate. Das erste Halbjahr ist als Probezeit deklariert, innerhalb derer sowohl die Bundeswehr als auch der Diensttuende jederzeit die Kündigung aussprechen kann.

Schon jetzt zeigt sich allerdings, dass die Armee für

die Freiwilligen noch nicht attraktiv genug ist. Fast 28 Prozent der im Juli 2011 angetretenen 3 459 freiwilligen Rekruten haben vorzeitig den Dienst quittiert. Experten gehen davon aus, dass sich die Zahl der Abbrecher noch stark erhöhen wird. (1)

Fehlende Motivation?

Verteidigungsminister Thomas de Maizière hat eingeräumt, dass die hohe Zahl der "Fahnenflüchtigen" die Planungen für die künftige Truppengröße gefährde. Zugleich betont der Minister allerdings, dass sich die Zahl der Abbrecher mit den üblichen Quoten in Wirtschaftsunternehmen vergleichen ließe. Auch dort seien es 20 bis 25 Prozent der Belegschaften, die jedes Jahr ihren Arbeitsplatz kündigten.

Mit dem Problem, die notwendige "Mitarbeiterstärke" sicherstellen zu müssen, steht die Bundeswehr noch ganz am Anfang. Da bis vor kurzem die allgemeine Wehrpflicht galt, musste sie sich kaum Gedanken darum machen, genügend Nachwuchs zu finden. Aus der Sicht eines professionellen Personalmanagements scheint es nun bei den Neueinsteigern ein Motivationsproblem zu geben. Da die Abbrecher kaum Begründungen für ihre Entscheidung angeben, kann über die Ursachen der hohen Ausstiegszahlen nur gemutmaßt werden. Anzunehmen ist, dass es den jungen Soldaten sowohl an intrinsischer als auch an extrinsischer Motivation fehlt. Der von der Bundeswehr in der Werbung gezeichnete Soldatenberuf erweist sich in der Praxis nämlich als weit weniger attraktiv, als es die schönen Bilder aus Broschüren glauben machen wollen. Die Sehnsucht nach einem abenteuerlichen Leben und viel Umgang mit moderner Technik wird anfangs durch Formaldienst (= Marschierübungen), lange Unterrichtsstunden und einen rauen Ton enttäuscht. Die intrinsische Motivation der Soldaten, die in diesem Job Erfüllung und Arbeitsfreude zu finden hoffen, wird in der Grundausbildung auf eine harte Probe gestellt. Nur spekuliert werden kann auch über die Folgen der ersten Begegnung mit Gewehren, Panzerfäusten und Kanonen. Manchem Kandidaten könnte erst dann bewusst werden, dass das Soldatendasein beträchtliche Gefahren birgt. Die Aussicht, in einen internationalen Krisenherd geschickt zu werden, tut möglicherweise ein Übriges, dass derzeit ein Drittel der Soldaten den "Schnupperkurs" schnellstmöglich abbricht. (1)

Employer Branding für Kommandeure

Auch die Bundeswehr kommt damit nicht um die Aufgabe herum, sich beim Kampf um die besten

Köpfe als besonders attraktiver Arbeitgeber in Szene zu setzen. Auf der Werbungsseite sind dabei nach Aussage der Bundeswehr selbst bereits Erfolge zu verbuchen. So soll der Wahlspruch "Wir. Dienen. Deutschland." bei jungen Interessenten großen Anklang finden - was angesichts der Verwendung des altertümlichen Wortes "dienen" nicht eben zu erwarten war. Die Kameradschaft, der Dienst an der Gemeinschaft und der Patriotismus sind demnach die Komponenten, die das Besondere an diesem Beruf ausmachen und die von jungen Soldaten geschätzt werden.

Auch zur Attraktivitätssteigerung hat die Bundeswehr bereits einige Schritte unternommen. Zusammengefasst werden die Maßnahmen im sogenannten "Reformbegleitprogramm". Die Einzelmaßnahmen sind vielzählig, reichen aber angesichts der aktuellen Situation augenscheinlich noch nicht aus, um jungen Leuten den Verbleib beim Bund schmackhaft zu machen. So haben junge Soldaten eine Wahlmöglichkeit zwischen Umzugskostenvergütung und Trennungsgeld, an 170 Standorten wurden Eltern-Kind-Arbeitszimmer eingerichtet, Sanitäter erhalten für Sonderdienste einen finanziellen Ausgleich. Auch wurden für die Gewinnung und Bindung von Mannschaftsdienstgraden Prämien ausgelobt. Das Höchstverpflichtungsalter für Zeitsoldaten wurde von

20 auf 25 Jahre erhöht. Dies alles kann sich - zumindest auf dem Papier - sehen lassen, jedoch äußert sich ausgerechnet der Bundeswehrverband skeptisch. So seien die Eltern-Kind-Zimmer mehr als Maßnahmen der Presse- und Öffentlichkeitsarbeit zu sehen, statt als echte Erleichterungen im Soldatenalltag. (2)

Forderungen des Wehrbeauftragten

Da sich die Anforderungen an die "Soldatenlehrlinge" grundsätzlich kaum verändern lassen, konzentrieren sich derzeitige Überlegungen auf die Stärkung extrinsischer Motivationselemente. Knackpunkt scheint dabei insbesondere die Besoldungshöhe zu sein. Angaben der Bundeswehr zufolge verdienen die Freiwilligen zwischen 778 und 1 100 Euro netto im Monat. Dazu kommen Verpflegung und Unterkunft, die die Bundeswehr mit 265 Euro anrechnet. Der freiwillig Wehrdienstleistende kann damit auf einen Sold von insgesamt 1 365 Euro kommen.

Der Wehrbeauftragte des Bundestags, Hellmut Königshaus, hat gefordert, den Sold zu erhöhen, um so mehr Interesse zu wecken. Vor allem die unteren und mittleren Dienstgrade müssten besser bezahlt werden. Darüber hinaus hat Königshaus angeregt, auch Ausländern die Chance zu geben, in der Bundeswehr zu dienen. Voraussetzung müsste es sein, dass sich die ausländischen Kandidaten klar zum Grundgesetz bekennen und die deutsche Sprache beherrschen. (3)

Trends

Geld für die Kommunen

Die Verkleinerung der Bundeswehr bedeutet auch, dass ganze Standorte geschlossen werden. 31 Bundeswehrstandorte in zehn Bundesländern sollen der Schrumpfkur zum Opfer fallen, darunter traditionsreiche Kasernen wie die in Sigmaringen und in Fürstenfeldbruck. Weitere 33 werden auf weniger als 15 Dienstposten reduziert, so dass sie nicht mehr als Standorte gelten. Insgesamt werden 90 Kasernen personell um mehr als die Hälfte verkleinert oder verlieren mehr als 50 Prozent ihrer Dienstposten. Den größten Personalabbau hat Bayern zu verkraften, von 50 700 Dienstposten fallen fast 20 000 weg. Die meisten Standorte verliert Schleswig-Holstein, hier fallen acht Bundeswehreinrichtungen weg. Im gesamten Bundesgebiet will der Minister etwa 90 000 Dienstposten streichen. Ganz von Schließungen verschont bleiben die sechs Länder Berlin,

Brandenburg, Bremen, Hamburg, Saarland und Sachsen-Anhalt.

Derzeit kündigt sich allerdings an, dass die besonders stark betroffenen Städte und Gemeinden auf einen finanziellen Ausgleich hoffen dürfen. Geplant ist, die Erlöse aus dem Verkauf von Grundstücken und Gebäuden der Bundeswehr in guten Lagen in einen Fonds fließen zu lassen, aus dem dann strukturschwache Gebiete einen Ausgleich erhalten. (6), (7)

Fallbeispiele

Sorgen beim Katastrophenschutz

Weil die Bundeswehr kleiner wird, fürchten die Länder, nach Fluten, Erdbeben oder Anschlägen nicht genügend Helfer zu finden. Zwar ist die Bewältigung von Katastrophen dem Grundgesetz nach Ländersache. In der Vergangenheit hat sich jedoch erwiesen, dass solche Ereignisse ohne das Gerät und die Männer der Bundeswehr die Länder überfordern. Eine weitere Lücke tut sich für den zivilen Katastrophenschutz auf. Bislang konnte vom Wehrdienst derjenige freigestellt werden, der sich zu längerer Tätigkeit im Katastrophenschutz verpflichtete. Durch den Wegfall der Wehrpflicht dürfte es auch hier zu beträchtlichen Personalengpässen kommen. (4), (5)

Weiterführende Literatur

(1) Jeder vierte Freiwillige gibt de Maizière einen Korb. Viele Soldaten ziehen sich vorzeitig aus dem Wehrdienst zurück
aus Euro am Sonntag, 17.12.2011, Nr. 51, S. 8

(2) Wer will unter die Soldaten?
aus FAZ.NET, 13.12.2011

(3) Bundeswehr soll schöner werden
aus Frankfurter Rundschau vom 27.12.2011, Seite 4

(4) Katastrophe da, Soldat fehlt
aus Süddeutsche Zeitung, 06.08.2011, Ausgabe Deutschland, S. 5

(5) Wehrpflicht durch die Hintertür?
aus Rheinische Post Nr. 260 vom 09.11.2011

(6) De Maizière macht den Sack zu
aus Frankfurter Allgemeine Sonntagszeitung, 30.10.2011, Nr. 43, S. 11

(7) (Gesamtzusammenfassung) Ramsauer kündigt Ausgleich für Standortschließungen an - Gespräch von Ministerpräsidenten und Merkel am 15.

Dezember - Altmaier: Bund bewegt sich auf Länder zu aus dapd nachrichtenagentur vom 08.11.2011, 19.55 Uhr

Impressum

Personalstärke in Gefahr - der Bundeswehr laufen die Freiwilligen davon

Bibliografische Information der deutschen Nationalbibliothek

Die Deutsche Nationalbibliothek verzeichnet diese Publikation in der deutschen Nationalbibliografie; detaillierte bibliografische Daten sind im Internet über http://dnb.d-nb.de abrufbar.

ISBN: 978-3-7379-0971-6

© 2015 GBI-Genios Deutsche Wirtschaftsdatenbank GmbH, Freischützstraße 96, 81927 München, www.genios.de

Alle Rechte vorbehalten. Dieses Werk ist einschließlich aller seiner Teile – z.B. Texte, Tabellen und Grafiken - urheberrechtlich geschützt. Jede Verwertung außerhalb der Grenzen des Urheberrechtsgesetzes bedarf der vorherigen Zustimmung des Verlags. Dies gilt insbesondere auch für auszugsweise Nachdrucke, fotomechanische

Vervielfältigungen (Fotokopie/Mikroskopie), Übersetzungen, Auswertungen durch Datenbanken oder ähnliche Einrichtungen und die Einspeicherung und Verarbeitung in elektronischen Systemen.